AF467839

DISCOURS

PRONONCÉ LE 14 AVRIL 1810,

DANS LA SALLE

DES COURS DE LA FACULTÉ DE DROIT DE PARIS,

PAR M. NOUGAREDE,

Baron de Fayet, Membre du Corps législatif et de la Légion d'Honneur, Conseiller titulaire de l'Université impériale, Président du concours;

Pour l'ouverture des Leçons publiques à faire par les Candidats du concours, pour une Chaire de Droit Français et une Chaire de Code de Commerce, nouvellement établies dans ladite Faculté.

1810.

DISCOURS

Prononcé le 14 avril 1810, dans la Salle des Cours de la Faculté de Droit de Paris.

PAR M. NOUGAREDE.

MESSIEURS,

I. L'Université renaissante avec plus de grandeur et d'ensemble qu'elle n'en offrit dans les tems de son ancienne prospérité, a rétabli aussitôt les sages institutions qui furent jadis les vrais principes de ses succès et de son influence. Parmi celles qui avaient laissé le plus de souvenirs, on distinguait les concours pour les chaires des Facultés; et l'on n'a pu voir, sans un vif intérêt, se rouvrir ces lices honorables, qui doivent être le mobile de tant de travaux. Ce n'est pas qu'aucun éclat extérieur y frappe les yeux; on n'apperçoit ni des lauriers ni des couronnes; l'appareil de ces concours est grave et modeste comme l'enseignement des lois dont ils doivent assurer la régénération et la durée.

Mais qu'ils vont nous paraître imposans, si

nous réfléchissons sur leur objet, et si nous considérons les destinées futures de ces jeunes élèves qui nous entourent ! Les uns doivent remplir cette profession, qui ne connaît d'autres distinctions que celles de la science et du talent, dont l'abus peut répandre le désordre et le trouble dans les familles, dont le noble dévouement est la consolation et l'espoir de la justice. Les autres vont entrer dans une carrière où le succès n'exige pas de moindres efforts : car ils auront à soutenir cette antique réputation de sagesse et de lumières, qui était devenue comme le patrimoine de la magistrature française : tous se sentent encouragés par ces épreuves multipliées qui assurent au plus digne l'honneur de les guider et de les instruire. Si l'enseignement des lois a cessé d'être, comme chez les Romains, le privilége des familles les plus illustres, il est resté du moins, par l'effet des concours, le plus noble objet d'émulation qui puisse être offert au talent, le plus puissant aiguillon pour ces études graves et austères, sans lesquelles les dispositions les plus heureuses ne pourraient suffire pour aspirer à ces triomphes pacifiques.

S'il fallait le prouver par des exemples, nous n'aurions pas besoin de les chercher au-delà de cette enceinte, où nous nous sommes félicités de voir paraître des concurrens aussi distingués. Tous sont déjà recommandés à notre estime par des titres antérieurs; les uns ont occupé des places honorables dans l'enseignement ou dans l'administration de la justice; d'autres, par des écrits, ont soutenu avec succès la dangereuse épreuve du grand jour et de l'opinion publique. Il en est même qui ont déjà obtenu des éloges dans un autre concours; ils ont eu l'occasion de se convaincre que, dans ces luttes généreuses, on peut obtenir des succès sans triompher de tous ses rivaux, se concilier l'estime des juges dans les diverses épreuves, et remporter du moins l'honneur d'avoir long-tems balancé leurs suffrages.

Pour achever de reconnaître tous les avantages des concours, il faudrait aussi porter nos regards au-delà de cette enceinte, et suivre dans leurs retraites laborieuses, ces jeunes élèves qui aspirent à se montrer avec honneur dans cette lice toujours réservée pour le talent que la réflexion a mûri, et que le travail a fortifié.

Elle ne s'ouvre que par intervalles ; mais elle est sans cesse présente à leur souvenir ; elle les rend insensibles à l'attrait des plaisirs de leur âge et aux épines de l'étude. Les glorieux succès dont ils ont été les témoins troublent leur sommeil ; leurs veilles silencieuses sont embellies par les espérances que l'avenir doit justifier, et par les douces images des succès qu'ils doivent obtenir un jour sous les yeux de leurs concitoyens et de leurs émules.

Un sentiment pénible avait troublé jusqu'à ce moment les idées séduisantes que nous présentaient les concours. De justes regrets s'étaient mêlés aux espérances les plus flatteuses ; la chaire proposée au vainqueur était couverte de deuil ; et cet appel qui était adressé à tous les jurisconsultes annonçait la perte que l'enseignement venait de faire ; perte même d'autant plus difficile à réparer, que c'est surtout dans cette carrière qu'un long usage rend les talens plus chers, en les rendant plus utiles. Après avoir justifié sa doctrine par le concours, il reste encore à apprendre l'art de la communiquer. La méthode qui convient à chaque Professeur ne peut s'améliorer que par ses constantes observations; et pour que les élèves recueillent tout le fruit de son enseignement, il faut qu'il ait reçu lui-même les leçons de sa propre expérience.

Dans le concours qui nous réunit, nos vœux sont purs et sans mélange; nous n'avons à vous offrir que des motifs de joie et de confiance; et la Faculté de Droit n'a point de pertes à regretter parmi ces Professeurs si justement estimés, qui, depuis sa régénération, ont su la maintenir dans un état de prospérité toujours croissante. Mais le besoin d'un sixième cours devenait plus sensible par cette prospérité même : car les élèves de troisième année, obligés de reprendre un des cours qu'ils avaient déjà suivis, ne pouvaient en attester le mérite par leur choix, sans nuire à ses succès par leur trop grande affluence. Il paraissait convenable encore de saisir cette occasion, pour établir des cours particuliers en faveur des élèves qui aspirent au Doctorat, et pour rendre ainsi plus communes ces épreuves volontaires, qui sont le complément et la garantie des bonnes études. Tel est le double motif de l'établissement des nouvelles chaires qui sont l'objet de ce concours.

II. La première est celle de Droit Français. Son principal objet est de développer avec plus d'étendue les matières les plus importantes du Code Napoléon : son but est de former les élèves dans l'art d'approfondir les études du Droit Français, de tirer les conséquences des principes qu'ils viennent d'apprendre, et de résoudre les difficultés que présente leur application aux questions particulières. Telle est la véritable science du jurisconsulte; et nous n'avons garde de prétendre que ce cours puisse tenir lieu des travaux et des études, dont il doit seulement être la première base. Le Professeur aura pleinement rempli notre attente, si les élèves exercés sous ses yeux, dirigés et soutenus par ses leçons, peuvent se promettre, au sortir de nos écoles, des progrès plus prompts et plus faciles. C'est lui qui leur indiquera les méthodes les plus certaines et les sources les plus pures; en suppléant par son expérience à celle qu'ils n'ont pu acquérir encore, il saura les encourager à s'avancer ensuite sans guide dans une carrière dont ils auront déjà surmonté avec lui les premiers obstacles.

Si nous continuons à pénétrer dans l'esprit

u décret qui a établi cette chaire, nous juge-ons que le Professeur du Droit Français doit artager l'objet de ses leçons en deux cours nnuels, dont chacun puisse former un ensei-nement complet. C'est assez faire entendre u'il ne devra pas embrasser toutes les matières u Droit civil ; mais il est facile aussi de remar-uer que, pour atteindre le but indiqué par le écret, il lui suffira d'expliquer celles qui com-ortent davantage le genre d'enseignement ont il est chargé. Nous choisirons en consé-uence les matières qui, par l'étendue de leurs apports, semblent offrir le lien commun de outes les parties de la Législation civile, et ui présentent des questions si nombreuses et variées, qu'il en résulte sans effort le déve-oppement et l'application de tous les principes ondamentaux de la jurisprudence française.

La partie du Code Napoléon qui renferme ous les principes relatifs aux diverses manières 'acquérir la propriété, nous a paru mériter préférence. Elle se compose des dispositions réliminaires et des quatre premiers titres du oisième livre, qui traitent des manières d'ac-uérir en général, des successions, des donations et testamens, des obligations et des engagemens qui se forment sans convention. Mais, d'après un article de ces dispositions préliminaires, la prescription doit être comprise dans les diverses manières d'acquérir la propriété; et il s'ensuit que, pour completter l'enseignementde cette chaire, il faut y joindre cette matière importante, qui est le sujet du vingtième titre du même livre. Le choix de cette partie du Code remplira toutes les conditions exigées; car on peut rapporter aux engagemens et aux successions toutes les règles du Droit civil, et *les Lois civiles* de Domat en offrent l'exemple; on peut en partager la matière en deux cours annuels, comme le prouvent les deux divisions générales de cet ouvrage si justement estimé; enfin ces deux cours peuvent si bien être indépendans l'un de l'autre, que, dans le Code Napoléon, les premiers titres sont consacrés aux successions et aux testamens, qui ne forment que la seconde partie dans le livre *des Loix civiles*. Si l'on observe qu'il est indispensable de faire alternativement commencer les élèves par chacun de ces cours, on jugera que cette considération n'est pas sans quelque importance.

Nous pourrions ajouter un nouveau motif pour justifier le choix de ces matières. D'après le plan qui a été adopté par la Faculté de Droit de Paris, elles sont déjà le sujet du cours de la seconde année du Code Napoléon, et ce cours deviendra ainsi l'introduction la plus utile pour ceux de Droit Français. Il suffira de bien observer la différence qui existe entre ces deux genres d'enseignement, dont l'un a pour objet d'expliquer aux élèves les élémens de la jurisprudence et le texte de la loi, et dont le second doit les instruire dans l'art d'appliquer les principes aux questions les plus importantes. Le Professeur ne se bornera pas d'abord à poser les questions; il devra aussi les discuter avec quelque étendue, proposer les raisons de douter qui sont tirées des lois et des principes, et développer avec soin les opinions contradictoires; il donnera enfin les raisons de décider. Quand il jugera les élèves assez formés, il les exercera à discuter eux-mêmes les questions qu'il aura posées; il leur proposera des difficultés, ou se bornera à établir entre eux des controverses, et à diriger les discussions. Cette manière d'enseigner pourrait également remplacer, ou leur rendre plus utiles, ces conférences, dont des vœux unanimes et de grands exemples font espérer le rétablissement, et d'où sortirent jadis des élèves si distingués pour le barreau et pour la magistrature.

Il nous reste encore à faire observer que, dans la troisième année de leurs cours d'étude, les élèves devant être examinés sur le Droit Romain, aussi bien que sur le Droit Français, leur coutume assez ordinaire, est de recommencer le cours de Droit Romain. Néanmoins le Professeur, obligé d'enseigner les Institutes, et de mettre ses leçons à la portée des élèves de première année, ne peut offrir à des élèves déjà formés, le seul enseignement qui serait pour eux de quelque usage, l'explication des lois Romaines, qui ont des rapports plus particuliers avec le nouveau Droit de l'Empire. Mais la plupart de ces lois se trouvent dans les titres du Digeste qui répondent aux matières que nous venons de choisir pour le Professeur du Droit Français; elles présentent même le plus souvent les questions à résoudre et les motifs des décisions, dans une forme assez analogue à l'objet de cette chaire. Tout nous confirme dans l'idée qu'elle donnera le genre d'instruction dont le besoin avait été le plus généralement reconnu. Tout nous donne le droit d'espérer qu'en offrant, par ses leçons, de nouveaux secours, elle autorisera les Professeurs à se montrer encore plus sévères dans les examens ; et nous n'avons pas besoin d'ajouter que cette rigueur salutaire est le garant le plus sûr des progrès de l'enseignement et des succès à venir des élèves.

Ces détails nous ont paru nécessaires pour bien faire comprendre l'objet et pour déterminer l'enseignement de la chaire de Droit Français. Un réglement plus précis a paru devoir être le résultat de l'expérience ; il ne fallait pas entraver, mais seulement diriger, à l'entrée de sa carrière, celui des concurrens dont les lumières et les talens doivent surtout achever notre ouvrage.

III. La seconde des chaires nouvellement créées, est celle qui a pour objet l'enseignement du Code de Commerce. Elle a été réservée pour les aspirans au Doctorat, parce que les lois qu'elle doit interpréter, ne renferment que les conséquences ou les exceptions du droit commun, et qu'on a craint d'exposer de jeunes élèves à confondre les principes particuliers d'un code, avec les principes généraux de la jurisprudence; mais on a voulu aussi faire connaître qu'elle n'était point spécialement établie pour ceux qui se destinent à la poursuite ou au jugement des affaires commerciales; notre véritable motif, au contraire, a été de completter l'enseignement du droit, de choisir pour des élèves déjà formés, l'instruction la plus propre à perfectionner leur jugement, et surtout de leur offrir des objets qui pussent étendre et fortifier les lumières de leur esprit.

La Législation civile prend en effet une face toute nouvelle, dès qu'elle s'applique aux affaires et aux transactions du commerce. Elle paraît s'agrandir avec les créations de ce principe si actif de la prospérité sociale, qui peut surpasser tous les bienfaits du sol et de la nature, par les seuls prodiges de l'industrie des hommes, et par qui des états d'une faible étendue ont rivalisé de gloire et de puissance avec les plus vastes empires. Le contrat de société offre des règles faciles et simples; les questions qu'il présente ont rarement exercé la sagacité des jurisconsultes; mais qu'il paraîtra vaste et compliqué, si l'on considère l'établissement et les progrès des sociétés commerciales ou maritimes! Lors même qu'elles se bornent à une seule branche d'industrie, leurs rapides accroissemens se font assez remarquer par l'aisance qui se répand autour d'elles, jusque dans les plus humbles chaumières; mais si elles embrassent à la fois tous les genres de spéculation, leurs regards et leur activité s'étendent jusqu'aux bornes de l'univers; les plages les plus lointaines sont peuplées de leurs ramifications et de leurs agens. Une nation nouvelle paraît s'être formée au sein même de l'Empire; ses lois sociales offrent l'empreinte de ses immenses développemens, et ne présentent encore néanmoins que la féconde application des principes du seul contrat de société, aux opérations et aux lois du commerce.

Si du titre des sociétés, on passe à celui du contrat de change, on admirera au contraire comment il peut souvent tenir lieu, pour les usages du commerce, de la plupart des contrats adoptés ou établis par les lois civiles. Il participe en effet de tous, et semble tous les réunir sous l'expression la plus simple et la plus concise. Mais ces formes modestes cachent une vaste influence; l'invention de ce contrat se lie à l'histoire des progrès de la civilisation chez les modernes; et ses rapports avec les développemens du commerce ont été justement comparés aux effets de la découverte de la boussole. Aussi offre-t-il dans ses règles tous les caractères qui distinguent le code dont il fait partie; la rapidité des engagemens et la bonne foi qui les protège; la multiplication des crédits, fondée sur la confiance qu'inspirent la probité du négociant et la sévérité de la loi; et ces règles d'équité, toujours analogues sans doute à celles qui doivent présider aux jugemens dans les causes civiles, mais qui offrent aussi des différences très-sensibles, quand on veut en faire usage pour résoudre les difficultés que présentent les transactions commerciales. On en trouve la preuve dans les écrits d'un de nos plus habiles jurisconsultes; et le Traité de Pothier sur le contrat de change, n'offre plus cette sorte d'infaillibilité qu'il semblait avoir acquise pour les décisions relatives aux clauses des contrats civils. Mais ce Professeur ouvrait en quelque sorte la carrière; l'exemple qu'il donnait, d'associer constamment l'étude de la législation du commerce à celle des lois civiles, recevait un nouveau prix de la célébrité qu'il avait acquise ; et ses erreurs mêmes peuvent être d'un grand usage, pour saisir le point où se réunissent les principes généraux de ces deux législations.

Nous en avons dit assez pour faire voir que l'étude des lois du commerce sera très-propre à développer et à mûrir la raison des jeunes jurisconsultes. Nous pourrions faire observer encore que les lois civiles sont diversement modifiées, suivant les habitudes particulières et les usages de chaque nation. Les lois du commerce au contraire, étant destinées pour une profession qui établit des rapports et forme des liens entre tous les peuples, renferment toujours un plus grand nombre de ces principes qui sont les mêmes dans tous les climats, qui ne changent point avec le territoire, et dont l'équité ne peut être circonscrite par les démarcations géographiques.

IV. Néanmoins, parmi les lois du commerce, celles qui sont relatives au commerce maritime offrent plus particulièrement les caractères d'une équité que le consentement des nations a consacrée. Aussi Pothier a-t-il soutenu que la plupart des règles des contrats maritimes étaient puisées dans le droit de la nature et des gens ; seulement, ajoute-t-il, quelques dispositions de nos lois qu'on peut regarder comme arbitraires, autorisent à avancer que ces contrats tiennent parmi nous quelque chose du droit civil.

Tel est le motif qui devra ramener fréquemment le Professeur aux notions élémentaires du droit de la nature et des gens, que le législateur a jugé utiles pour completter l'enseignement du droit civil, (*) et qui deviennent bien plus indispensables, quand elles se rapportent à l'enseignement du Code de commerce. S'il était même nécessaire, pour autoriser les développemens qu'elles réclament, de les appliquer à un ordre de lois qui frappât l'imagination des élèves par de grands objets, et leur esprit par l'étendue et l'éclat des aperçus, il faudrait choisir encore les lois maritimes ; car elles doivent également régir ces navires qui sont abandonnés aux caprices de l'Océan, emportant avec

(*) Voyez la loi du 22 ventose an 12.

eux tant de fortunes et tant d'intérêts divers ; cette classe d'hommes qui semblent étrangers à leur patrie, et qui sont une des causes les plus actives de sa prospérité ; ces transactions aléatoires qui, pour rassurer le négociant dans ses spéculations les plus périlleuses, soumettent au calcul l'audace des corsaires, l'inconstance des flots, et la fureur des tempêtes.

Mais, loin que le Professeur puisse voir dans cette obligation une tâche pénible et difficile, il se félicitera, n'en doutons point, d'être conduit par la nature de l'enseignement qui lui est attribué, à l'explication des règles du droit des gens qui se rapportent aux lois maritimes ; car il pourra en offrir sans réserve toutes les applications, fondé sur l'autorité du héros qui s'en est déclaré le protecteur, et dont l'égide victorieuse n'a jamais prêté vainement son appui. C'est à l'abri d'un si grand nom, qu'en enseignant les maximes du droit des gens sur la liberté des mers, le Professeur nous montrera dans leur véritable jour les prétentions de ce peuple, qui a cru pouvoir leur donner des chaînes comme Xerxès, et qui s'est follement promis d'asseoir les bases d'un Empire sur les abîmes de l'océan.

Pour prédire avec certitude les destinées futures d'un tel Empire, il suffirait d'exposer les lois violatrices du droit des gens qui l'ont établi, et qui décèlent les efforts impuissans de la tyrannie et de la faiblesse. Ainsi, dans des époques plus reculées, la domination de Carthage sur les mers de tout le monde connu, fut signalée par les excès les plus révoltans de l'avidité commerciale, par la proscription de l'industrie chez les vaincus, et par le monopole de toutes les entreprises maritimes. Mais bientôt on vit succéder une époque justement fameuse, et sous l'influence d'un seul peuple, tous les arts de la paix et de l'industrie reprendre une vie et une activité inépuisables. Rome victorieuse ne voulut reconnaître sur les mers d'autre domination que celle des lois Rhodiennes, (*) et la législation d'un peuple, que le rétablissement de la liberté du commerce avait placé au rang des nations les plus florissantes, fut seule jugée

(*) V. la loi 9. ff. ad legem Rhodiam de Jactu.

digne de devenir le code maritime de l'Empire. Élevée par sa puissance au-dessus de tous les calculs de la cupidité ou de la foiblesse, Rome protégeait cette vive émulation qui multiplie sans mesure les créations et les richesses de l'industrie ; elle comprimait ces rivalités furieuses qui changent en instrumens de destruction et de ravages, les élémens naturels de la prospérité du commerce. Tous les produits de la terre, des arts, et des manufactures, circulèrent librement dans le monde civilisé ; et les souvenirs de ces temps de prospérité et de concorde, se prolongeant dans les âges de la faiblesse et de la décadence de l'Empire, lui conservèrent, même après sa chute, le respect et l'admiration de tous les peuples.

Tels sont les sentimens qu'un grand Prince assurait à cet Empire, renaissant sous ses augustes auspices, lorsque, du haut de ce trône qu'il a élevé sur tant de trophées, il proclamait ces maximes conservatrices du droit maritime, sur lesquelles reposent l'opulence et la parfaite harmonie de tous les états policés. (*) Si sa

(*) Voyez surtout la lettre du Ministre des Relations extérieures, Moniteur du 6 octobre 1809.

main victorieuse reste encore armée au milieu de ces pompes de la paix, de cette alégresse unanime, de ces fêtes nuptiales si chères à son cœur et à ses peuples, c'est pour faire triompher tous les droits de la civilisation et de l'industrie, et pour achever d'affranchir les sources premières de la fécondité et des richesses. Il prouve assez par de si nobles résolutions, que la force de cet Empire consiste surtout dans ses avantages naturels et dans le génie de son fondateur, qu'il n'a pas besoin d'être injuste pour l'élever au faîte de la puissance, et qu'il saura fonder sur l'amour et la prospérité des Nations civilisées, l'accomplissement des hautes destinées qu'il a promises à notre Patrie.

EXTRAIT

Du procès-verbal de la séance de MM. les juges du concours, dudit jour 14 avril 1810.

M. le Doyen a invité M. le Président à remettre le discours qu'il a prononcé, et à vouloir bien permettre qu'il soit transcrit au procès-verbal de la séance de ce jour, et imprimé.

M. le Président ayant adhéré à cette invitation, MM. les juges du concours ont arrêté que ce discours serait transcrit à la suite du présent procès-verbal, imprimé, et déposé aux archives de la Faculté.

Pour extrait :

Le Secrétaire de la Faculté,

REBOUL.

De l'Imprimerie de BALLARD, Imprimeur de la Faculté de Droit de Paris, rue J.-J. Rousseau, n°. 8.

www.ingramcontent.com/pod-product-compliance
Ingram Content Group UK Ltd.
Pitfield, Milton Keynes, MK11 3LW, UK
UKHW020549230726
13925UKWH00006B/2480